PROSPER MÉRIMÉE

L'ÉCRIVAIN ET L'HOMME

ÉTUDE LITTÉRAIRE

PAR

F. TAMISIER

Professeur au Lycée de Marseille, officier de l'Instruction Publique

MARSEILLE

TYP. ET LITH. BARLATIER-FEISSAT PÈRE ET FILS

rue Venture, 19

1875

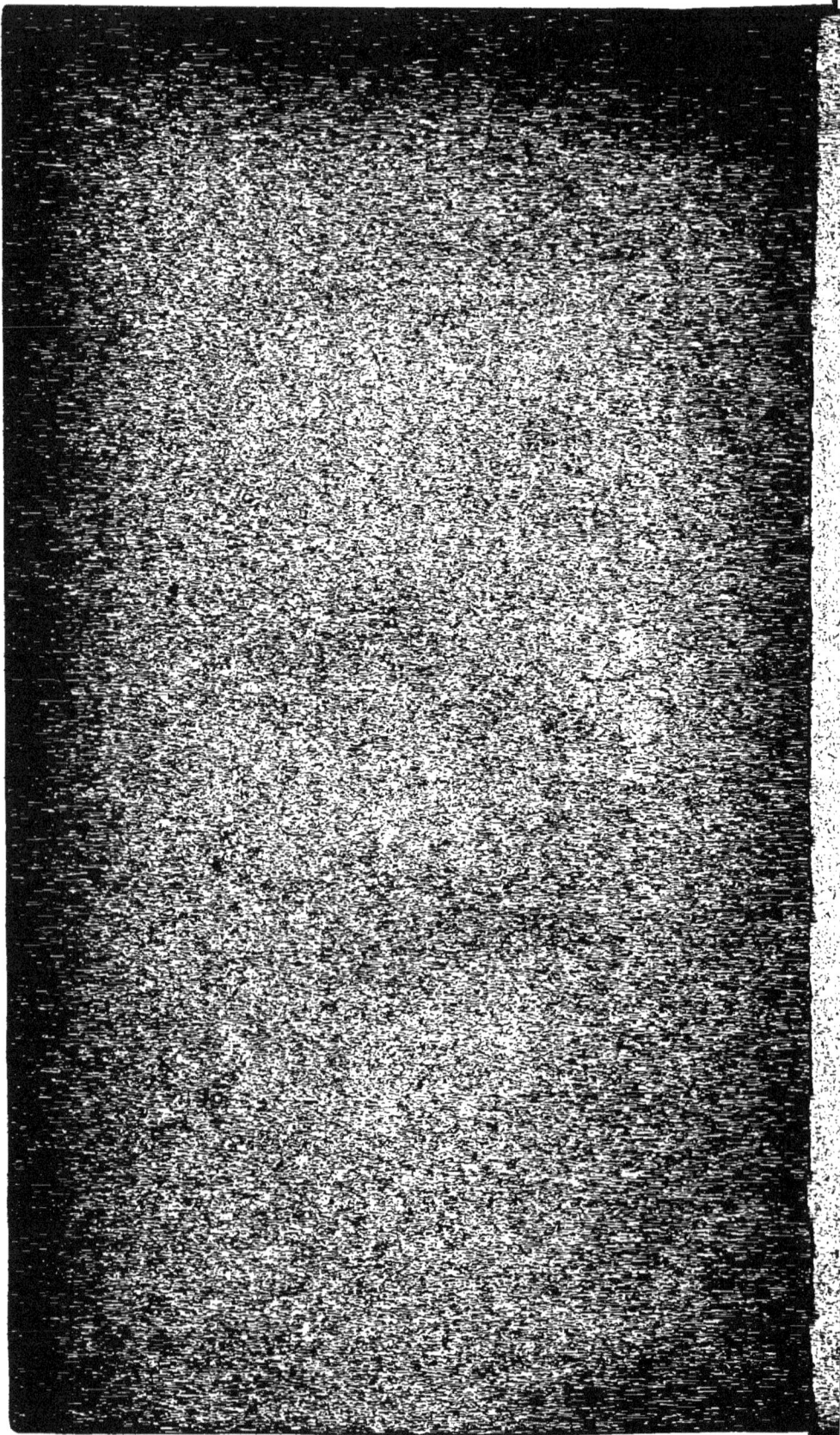

PROSPER MÉRIMÉE

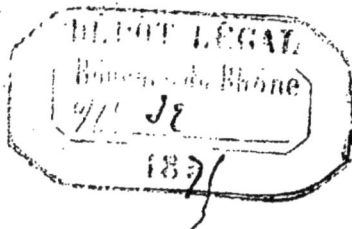

L'ÉCRIVAIN ET L'HOMME

ÉTUDE LITTÉRAIRE

PAR

F. TAMISIER

Professeur au Lycée do Marseille, officier de l'Instruction Publique

MARSEILLE

TYP. ET LITH. BARLATIER-FEISSAT PÈRE ET FILS
rue Venture, 19

1875

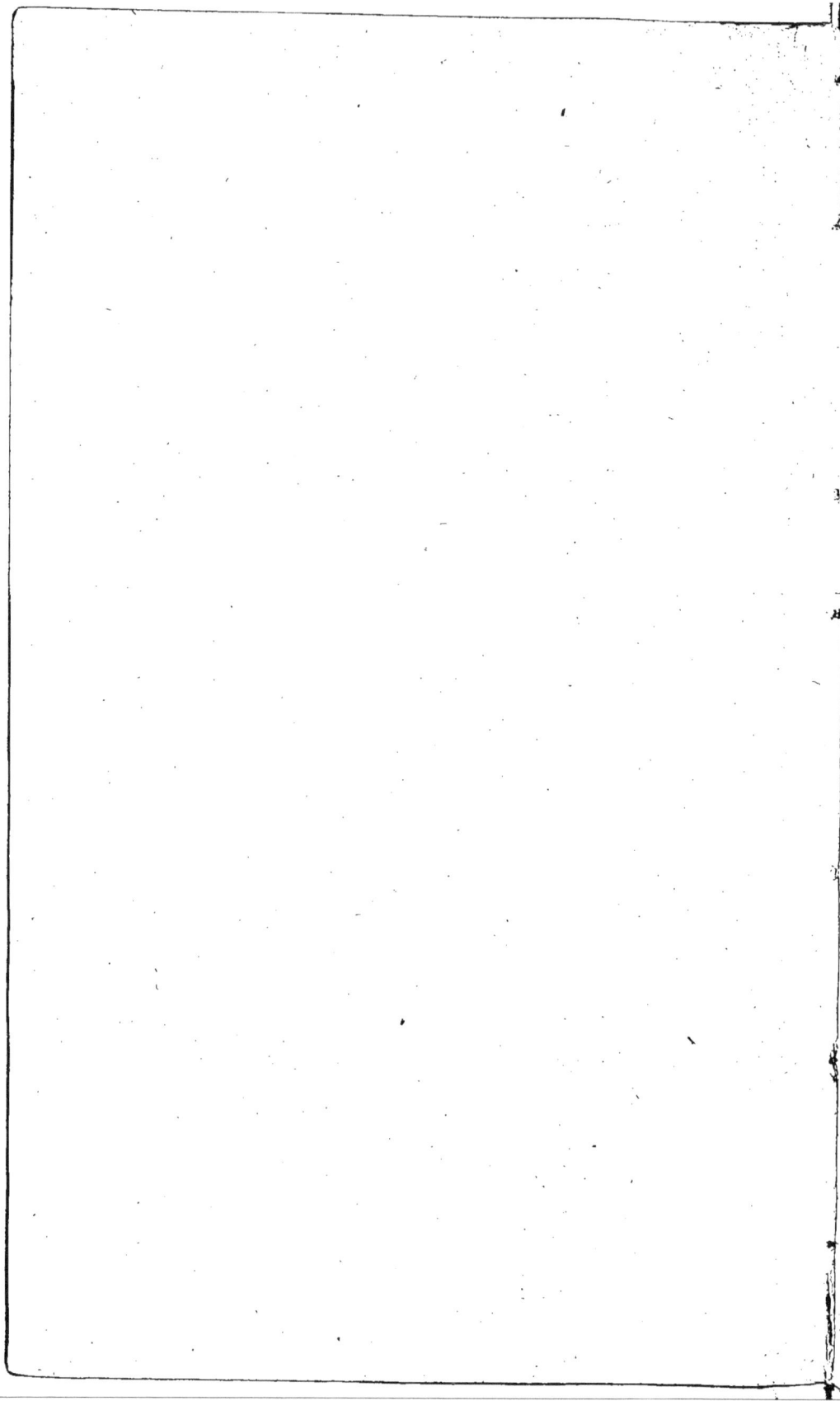

PROSPER MÉRIMÉE

L'ÉCRIVAIN ET L'HOMME [(1)]

—oo⚬oo—

I.

Mesdames, Messieurs,

Remontons ensemble le cours des années
et arrêtons-nous un instant, vers le milieu de
la seconde Restauration, en 1825 ; un demi-
siècle nous sépare de cette date mémorable.
La France était alors en pleine éclosion de
talents de tout genre. Il y avait toujours eu
de l'esprit chez nous, mais alors c'était le
réveil de l'esprit public, c'était l'aurore du
libéralisme en politique, du romantisme en
littérature. La poésie relevée, la philosophie

(1) Lecture faite le 24 février 1875 , à la Société des
Amis des Arts (Cercle Artistique).

élargie, la critique renouvelée, l'histoire ra-
jeunie, la liberté parlementaire revendiquée
et s'affirmant par ces luttes de la parole et
ces triomphes du droit qui succédaient aux
victoires sanglantes du premier Empire,
telles étaient les conquêtes précieuses de
cette époque active et féconde qu'on à justement saluée du nom de seconde renais-
sance. C'était donc vers le matin du siècle,
en 1825 ; au commencement de cette année
riche du tant de promesses, le chef de file
de la nouvelle école réunissait dans ses salons l'élite de Paris. A côté des maîtres de la
lyre, il y avait là les futurs rois de la scène,
les futurs princes de la critique, peut-être
même quelques-uns des ministres de l'avenir. Ces jeunes hommes s'étaient donné la
mission noble et difficile de régénérer la
littérature et les arts, ils étaient tous jaloux
d'apporter leur pierre à la reconstruction de
l'édifice, ils s'entretenaient de leurs travaux,
de leurs projets, de leurs espérances ; puis,
quand venait à se ralentir l'ardeur des con-
versations , quand cessaient les discussions
sérieuses, les boutades spirituelles, les digres-
sions savantes : c'était le tour des jeux d'esprit.

On faisait alors des anagrammes, comme
on a fait depuis des charades et des rébus.
Ce jour-là, Prosper Mérimée était présent ; né
en 1802, la même année que Victor Hugo, il
entrait dans sa vingt-troisième année, et sa
nature élastique et souple, son organisation
merveilleuse lui permettaient dès lors de
mener de front les plaisirs et l'étude, et de
tempérer la fougue des sens par la médita-
tion du cabinet. La publication du théâtre
de "Clara-Gazul" venait de le mettre à la
mode ; on trouvait piquante l'espièglerie
qu'il avait risquée pour sonder le terrain
avant de faire son entrée, résolument et le
front découvert, dans le monde littéraire.
On l'entourait, on le fêtait à l'envi. Lui, toujours calme et réservé, accueillait ces cajo-
leries par un sourire. C'est alors qu'un des
assistants proposa de faire l'anagramme du
nom de Prosper Mérimée. On se met à l'œuvre, on veut savoir ce que promet ce nom
qui semble heureux ; on mêle, on brouille, on
décompose les lettres, on les combine pour
en faire un mot nouveau ; plus prompt, plus
alerte que ses amis, sans être plus familier
qu'eux avec ces combinaisons un peu futiles
où le hasard joue un si grand rôle, Victor

Hugo a trouvé le premier l'anagramme flatteuse "Prose première", voilà le mot qui est sorti de ces quatorze lettres ainsi remaniées. Mérimée aimait dans la suite à montrer à ses amis cette anagramme, écrite au frontispice des "Chants de la Guzla", de la main du poète lui-même. Il y avait là, en effet, tout un horoscope, que l'avenir se chargeait de vérifier, et peut-être que Victor Hugo n'avait pas cru si bien dire. La prose de Mérimée n'était pas alors la première ; mais, depuis elle fit du chemin et ne tarda pas à le devenir. Je ne connais pas, en effet, dans ce siècle, qui compte des talents variés et multiples, un écrivain plus net, plus ferme, plus français, je n'en sais point qui ait eu plus de sobriété dans le style, plus de justesse dans le trait, plus de sûreté dans le goût.

Durant une période de quarante ans, Mérimée a su garder sa renommée intacte. Tous les partis, tous les camps littéraires l'ont respecté, tous ont voulu l'avoir dans leurs rangs. Les romantiques l'acclamaient comme un des leurs pour la couleur et le relief de ses peintures, tandis que les classiques le réclamaient pour les qualités sévères de son style. « Vous êtes des nôtres, lui disait M. Vien-

net, en le recevant à la place de Charles Nodier à l'Académie française, et en rappelant
tous vos titres, puis-je en omettre un qui
vous assurait des droits aux préférences de
l'Académie. C'est le naturel, la clarté du
style, la clarté surtout qui disparaît de plus
en plus des écrits de notre temps, et qu'il
nous appartient de remettre en honneur.
Epris, comme tant d'autres, de la nouveauté , vous ne l'avez point cherchée dans la bi-
zarrerie, vous avez le secret d'être original
sans cesser d'être vrai. » Mérimée avait un
autre mérite ; il n'écrivait que de petites
histoires. Ses récits étaient courts et sa manière sobre était la satire des défauts de la
littérature de son temps. Tandis que les
grands faiseurs noyaient leurs récits dans
des flots d'encre, Mérimée nous versait goutte
à goutte un mince filet de son élixir et il
avait réussi surtout par le contraste. Mérimée, comme homme, semblait également
inattaquable. Il avait su mettre dans le gouvernement et la conduite de sa vie un ordre,
une correction admirable, et sa bonne fortune avait fait de lui, vers la seconde moitié
de sa carrière, non pas un courtisan, mais
un intime des Tuileries, ayant l'oreille de

l Empereur et les bonnes grâces de l'Impératrice. S'il jouissait d'une sorte d'inviolabilité
en littérature, il était merveilleusement posé
dans le monde, et son titre de sénateur, sa
croix de grand-officier, avaient encore ajouté
à sa grande situation. Pourquoi faut-il qu'une
publication imprudente soit venue, dans ces
derniers temps, faire tomber le masque qui
couvrait les petitesses de l'homme et faire
évanouir le héros ?

II.

Le Mérimée que l'on connaissait jusqu'ici
était un écrivain hors ligne, qui avait con-
quis sans peine dans l'art et la littérature une
place à part, un homme essentiellement distingué, original, spirituel, mais économe de
son esprit, gardant volontiers le silence en
présence des sots, tenant à distance les mé-
diocrités prétentieuses, et traitant les impor-
tuns avec une froideur glaciale; écrivain et
voyageur, historien et conteur, philologue
et artiste, numismate et archéologue, il avait
un sentiment exquis des beautés de l'architecture et de l'art, et pouvait au besoin en
dessiner les chefs-d'œuvre d'un crayon sûr,

comme il le fit plus d'une fois, dans ses voyages et ses excursions archéologiques.

De plus, homme du monde, lancé de bonne
heure, grâce à sa distinction personnelle, à
sa haute taille, à sa physionomie expressive,
dans la société des privilégiés de la naissance
et de la fortune, naturellement réservé ,
froid, défiant, presque hautain, ayant la désin-
volture d'un Anglais , portant des habits
coupés à Londres, viveur de haut goût,
aimant la table et se déridant parfois au des-
sert, entre le champagne et le cigare, en un
mot, l'un des heureux du siècle et véritable
enfant gâté de la haute société parisienne.
Toutefois, sachant partager son temps entre
l'étude et les distractions du monde, assez
maître de lui-même pour faire sa part à la
vie sensuelle, aujourd'hui hantant les salons,
mais demain s'enfermant dans son cabinet,
ou prenant le bâton de touriste en compa-
gnie d'Ampère, de Fauriel, ou de Lenormant ; là , déchiffrant une inscription romaine, ici, visitant une ruine du moyen-âge,
et fixant la date de la fondation d'un monu-
ment avec une rare sagacité.

Observateur attentif des nombreuses va-
riétés de l'espèce humaine à tous les degrés

de l'échelle sociale, il profitait de ses voyages pour en rapporter d'excellents matériaux pour ses petites histoires. Voyageur armé d'un flegme et d'un sang-froid vraiment britannique, il ne craignait ni l'escopette des bandits, ni le stylet des brigands. Trouvait-il sur sa route une bohémienne, il était sans crainte contre ses maléfices, et la rencontre étrange de cette aventurière endiablée était pour lui l'occasion d'écrire son piquant récit de "Carmen" et de donner un pendant à "Manon Lescaut".

Ecrivain à ses heures, ayant l'air de ne point tenir à la renommée pour mieux s'en assurer les faveurs, Mérimée attendait toujours pour écrire que le moment de l'inspiration fût venue. Ennemi de la phrase, en garde contre la déclamation, peu porté à l'enthousiasme, il voyait dans le penchant à s'attendrir une marque d'infériorité intellectuelle et prenait volontiers pour devise le "nil admirari" d'Horace, dont il professait du reste les principes épicuriens qu'il appliquait à la pratique matérielle de la vie.

Tel était à peu près, s'il faut en croire ceux qui l'ont vu de près, le Mérimée que le monde avait connu. Ecrivain déjà familier avec toutes les ressources de notre langue à un âge où d'autres les soupçonnent à peine, il avait d'abord sondé le goût public par son théâtre de "Clara-Gazul", écrit avec une verve et un brio qui trahissaient son origine parisienne ; puis il avait donné les chants de la "Guzla" qu'il prétendait traduits du Dalmate, produit bien différent, mais sorti de la même fabrique, éclos un beau jour dans un bureau du ministère du commerce où Mérimée garda quelque temps une sinécure assez lucrative.

Enfin, secouant l'anonyme et désormais sûr de lui même, il publie dans la REVUE DES DEUX MONDES quelques nouvelles d'un cadre étroit mais qui restent gravées dans toutes les mémoires et que les maîtres de la critique contemporaine n'hésitent pas à qualifier de chefs-d'œuvre. Apprécié par Goëthe, traduit par le poète russe Poushkine, mis en vers anglais par une femme enthousiaste, veuve d'un poète que sa mort tragique a rendu célèbre, Shelley, l'un des amis de lord Byron, rien n'avait manqué à la bonne fortune de cet écrivain fort remarqué dès le début, et qui entrait de plain-pied dans l'ai-

sance et la gloire à un âge où tant d'autres
se débattent encore dans la gêne et la mé-
diocrité.

III.

Il est vrai que personne n'avait plus que lui
la passion de la vérité, l'aversion du faux, l'en-
tente de la mise en scène et du dialogue. De
plus, ce n'était point un écrivain casanier,
un de ces voyageurs en chambre qui n'ont
rien vu de ce qu'ils racontent. Explorateur
hardi et curieux, toujours en quête d'anec-
dotes nouvelles, il avait visité tour à tour
l'Asie Mineure et la Grèce, l'Espagne et la
Corse, l'Angleterre et l'Italie, et ses voyages
avaient teint ses récits de cette couleur lo-
cale mise à la mode par Walter Scott. Tout
ce que Mérimée jetait sur le papier, il
l'avait vu ou l'avait recueilli de la bouche
de témoins oculaires; aussi les personnages
qu'il met en scène sont-ils vivants. Où trouver un type mieux réussi que ce paysan
corse, trapu, bronzé par le soleil, intraitable
sur le point d'honneur et d'une âpreté de
mœurs toute romaine, qui, découvrant un
traître dans son fils, le fait tomber raide

mort sous la balle de son fusil, malgré
les cris et les sanglots de l'infortunée Giu-
seppa. Le capitaine Ledoux, Tamango, Orso,
Colomba, miss Névil, don José Maria, Darcy,
ne nous semblent-ils pas des modèles d'éner-
gie brutale, de grâce féminine ou d'élégance
parisienne. Ne personnifient-ils pas tour à
tour le vieux loup de mer, pratiquant cons-
ciencieusement son horrible trafic de bois
d'ébène ; l'Africain sauvage, à peine dégrossi
par le contact de la civilisation européenne ;
le Corse, adouci par son séjour sur le conti-
nent, mais qui redevient barbare en remet-
tant le pied sur son île ; le roué de salon, froi-
dement poli, ne manquant jamais l'occasion
d'une bonne fortune ; enfin le bandit bien
élevé, aidant les dames à descendre de voi-
ture, les dévalisant avec des précautions
chevaleresques, et déposant un baiser sur la
main blanche qu'il vient d'alléger de ses ba-
gues et brillants ?

Ce n'est point seulement dans les salons de
Paris que Mérimée avait pu trouver la ma-
tière de ces peintures. Il fallait avoir vu les
maquis de la Corse et les sierras de l'Espagne
pour accentuer avec cette franchise des
mœurs et des passions aussi diverses.

Quand il écrivait la "Double méprise," Mérimée, se mirant lui-même dans son héros, se
montrait Parisien raffiné, rompu aux agace-
ries félines des salons et des boudoirs, mais
quand il composait "Colomba" ou qu'il datait
de Madrid ses lettres sur l'Espagne, il nous
montrait qu'il avait conversé avec ce bon
M. Brandolaccio, condamné au maquis pour
avoir tiré sur les hommes avec aussi peu de
scrupule que sur un mouflon ou une grive, et
qu'il avait, au tournant d'un rocher de la
Sierra-Morena, bu à la gourde d'un bandit et
troqué ses cigares contre son riz à la valen-
cienne et son jambon salé.

Mérimée avait au plus haut degré l'esprit
d'observation. On peut lui appliquer ce qu'il
a dit d'Henri Beyle, qui fut son inspirateur
et son ami.

« Il y avait dans cette nature calme et
contenue une habitude d'observation con-
stante : en lisant un livre, il formait son
style ; en causant dans une soirée, il étudiait
les hommes.

Gustave Planche, le sévère critique de la
REVUE DES DEUX MONDES, avait en haute es-
time le talent de Mérimée ; il voyait dans ses
récits une peinture animée et fidèle des

mœurs locales et des passions humaines.
C'est que l'auteur de "Colomba" ne raconte
que ce qu'il a vu, il ne juge pas, il disserte
moins encore , mais il est un rapporteur
impartial de la vérité dans l'histoire, un in-
terprète fidèle de la passion dans le roman.
On lui a reproché l'immoralité de quelques-
uns de ses tableaux. Je le reconnais, ses récits
ne sont point des thèses à l'appui d'une vérité
de l'ordre moral ; Mérimée ne se plaît pas aux
berquinades, il n'écrit pas précisément pour
les pensionnats de demoiselles, et ses livres
ne sont pas de ceux qu'il faut choisir pour
les lectures du soir en famille. Toutefois, il
faut bien le reconnaître, il y a dans plusieurs
de ses récits une conclusion morale. Seulement cette conclusion il ne la tire pas lui-
même, c'est le lecteur qu'il charge de ce
soin.

Dans la "Partie de Tric-trac" que voyons-
nous ? La fin déplorable d'un jeune et bril-
lant officier de marine que l'entretien
coûteux d'une folle maîtresse mène au vice
et au déshonneur. Il triche au jeu, et ce moment de défaillance où sa moralité succombe
lui coûte la vie. La honte qu'il éprouve, le
désespoir auquel il s'abandonne, son mépris,

son horreur pour lui-même après le suicide du Hollandais dont il a subtilisé l'argent, tout cela forme un tableau peint de main de maître et qui porte avec lui sa moralité. La "Double méprise" est une peinture du grand monde de Paris, peinture immorale, je le veux bien, mais qui nous montre le danger pour une femme de se laisser aller à l'amour de tête. Celles qui ont le malheur d'avoir ces dispositions feront bien de lire la "Double méprise". Elles y verront les chagrins et les désappointements cruels qu'on se prépare en écoutant ces célibataires blasés, ces hypocrites vernis d'élégance dont la vie se passe à tendre des pièges au sexe faible, et qui ont la triste spécialité de porter le trouble dans les familles. Il y aura toujours de ces traîtres aimables qui ont le don de plaire; c'est une race vivace, indestructible qui a son type primitif dans ce démon tortueux et rampant qui s'embusquait dans les jardins du Paradis terrestre pour jouer de mauvais tours à la mère du genre humain. Ce type satanique a traversé les siècles et a refleuri tour-à-tour dans Alcibiade, Don Juan et Richelieu. Il faudrait, pour qu'il disparût, que le fruit défendu perdît sa saveur.

Je ne veux pas faire de Mérimée un moraliste, là n'était point sa vocation; la morale ne le préoccupe point. Mérimée est,
avant tout, un artiste; s'il écrit, c'est pour
peindre et non pour moraliser. Toutefois,
le dénouement de la plupart de ses récits
est presque toujours moral, et dans la "Double méprise", il nous montre une épouse infidèle, ne trouvant que la mort pour refuge
contre le désespoir où l'a jetée une heure de
défaillance, une minute d'abandon et d'er-
reur.

IV

Ce qui distingue les récits de Mérimée,
c'est la vérité et le naturel des peintures. Il
vous photographie un raffiné de salon avec
la même exactitude qu'un brigand calabrais
où un muletier de Castille. Fait-il parler un
militaire, il lui prête le langage et la physionomie qui lui sont propres. Vous vous
rappelez ces six pages où un jeune sous-lieutenant, sortant de l'école de Fontainebleau,
raconte l'enlèvement d'une redoute occupée
par les Russes. Quel relief, quelle couleur
dans ce court épisode de nos guerres du

premier empire ! avec quel accent de vérité
saisissante est rendu ce capitaine qui a vu la
lune plus rouge que de coutume et qui sent
que le four chauffe pour lui ! Une heure
après, les débris de la cervelle du vieux gro-
gnard couvrent la tunique du jeune sous-
lieutenant ; lui-même a son shako enlevé
par un éclat d'obus qui le fait saluer sans cé-
rémonie ; le lieutenant est tué, le chef de ba-
taillon aussi, le général gît blessé à mort,
appuyé sur l'affût d'un canon, mais le vieux
brave meurt sans regret, car il a vu les Russes fuir et ses soldats sont restés maîtres du
champ de bataille. Quant au sous-lieutenant,
il n'a rien vu, rien senti dans cette mêlée
épouvantable, où la rouge lueur du canon
éclairait seule, de temps en temps, les ténè-
bres de la nuit ; mais son épée n'est pas
restée oisive, car le sang qui en dégoutte
montre assez qu'elle s'est enfoncée dans plus
d'une poitrine, et maintenant il a reçu le
baptême du feu, il peut friser sa jeune mous-
tache, il commande en chef et la redoute est
prise. Ces six pages sont un morceau devenu
classique, c'est le triomphe de la concision.
Impossible de rendre en moins de mots le
côté lugubre de la gloire militaire.

Prenez maintenant "Colomba", la plus ravissante sans contredit des créations de Mérimée? Peut-on douter un instant que cette virago des montagnes ait posé devant lui, et que le peintre l'ait saisie sur le vif dans sa tour de Pietranera? A coup sûr, il l'a vue tantôt fabriquant des cartouches, tantôt fondant des balles, ici enlevant comme une plume la lourde valise d'Orso, là maniant avec prestesse le stylet du roi Théodore, et montrant à Miss Névil la manière de s'en servir pour faire une blessure mortelle ; vociferatrice admirable de spontanéité, elle ne demande qu'à l'émotion présente ses inspirations poétiques, et si elle n'a jamais entendu parler de Dante, une première lecture lui suffit pour deviner son génie et en saisir les beautés.

Forte de corps, haute de taille, saine d'esprit, ferme de cœur, cette enfant de la nature n'a qu'une pensée fixe : la vengeance de son père, mort lâchement assassiné. Livrée tout entière à ce génie implacable de la haine, elle le souffle à son frère, elle l'enlace, elle l'entraîne malgré lui dans les hasards terribles de la vendetta directe ; et quand le fusil d'Orso a fait coup double et

couché par terre les deux assassins, elle
parait rayonnante sur le seuil de sa maison
et pousse un cri de triomphe qui retentit
douloureusement au cœur du vieux Barri-
cini que la mort de ses enfants rendra bientôt fou.

Faut-il s'étonner qu'un personnage ainsi
enlevé dans son attitude farouche, saisi au
naturel dans toute la souplesse des formes
vivantes, ait impressionné vivement le lecteur, et comprend-on maintenant qu'on pré-
fère ce type accompli du fanatisme insulaire,
qui ressuscite un pays tout entier avec ses
mœurs et ses coutumes primitives, à ces
personnages indécis et sans caractère qui,
loin d'être des originaux pris sur nature, ne
sont que de pâles copies empruntées aux livres. C'est que Mérimée n'écrit pas pour satisfaire son avidité mercantile, il ne fait pas du
métier, il écrit pour son agrément personnel
et un peu pour le plaisir de ses lecteurs, il
n'a la prétention d'être ni un savant ni un
lettré, il est avant tout un homme du monde
aimant à voyager, possédant une instruction
variée, solide, sans pédanterie, parlant avec
aisance et facilité une demi-douzaine de langues, ayant le sentiment des beautés de la

littérature et de l'art. S'il prend parfois la plume, c'est en simple amateur, en pur dilettante; mais ce dilettante est supérieur, cet amateur se trouve de première force, car il ne raconte que pour fixer ses souvenirs, pour donner un corps à ses observations; ce qu'il écrit, il l'a vu, il le sait, il l'a longtemps médité. Cela vous explique cette force de concentration qui le distingue. D'autres s'éparpillent, lui se concentre; il ne dit que ce qu'il faut et va droit au fait; rien de trop, telle est sa devise. Pas un mot chez lui qui n'ait son intention, sa portée et son but. On a dit que le bagage littéraire de Mérimée n'était pas bien lourd. D'accord, mais j'aime mieux trois ou quatre perles fines dans un mince écrin que tant de verroterie et de faux diamants.

V

On a reproché à Mérimée sa sobriété et sa sécheresse. On l'a plaisamment comparé à lord Byron, qui ne prenait que des biscuits et du Soda-Water et se mesurait soigneusement les poignets chaque matin pour s'assurer qu'il n'avait point grossi. Si l'on doit mesurer l'embonpoint littéraire au nombre des volumes, je reconnais que Mérimée ne peut lutter avec nos romanciers modernes dont quelques-uns, faisant de la littérature une branche d'industrie fort lucrative, n'étaient guère que des arrangeurs qui mettaient leur nom et tiraient l'argent. Derrière ces hardis spéculateurs se tenait toute une armée de collaborateurs timides et de clients faméliques qui faisaient la besogne pour eux, tandis que Mérimée, plein de respect pour le public et pour lui-même, n'a jamais signé une œuvre qui ne fût tout entière sortie de sa main. Il est vrai qu'à ses débuts, il n'a pas toujours signé de son vrai nom. Pour son théâtre de "Clara-Gazul", il prit le masque d'une comédienne espagnole et mit ses chants de la "Guzla" au compte d'un rhapsode morlaque. Voilà comment cela se fit. Mérimée devait faire avec Ampère un voyage en Dalmatie ; il s'agissait de recueillir les anciens chants du pays, comme Fauriel avait retrouvé ceux de la Grèce moderne. L'argent lui ayant manqué pour faire le voyage, il trouva drôle de les composer lui-même sans sortir de son cabinet et de les donner comme traduits du Dalmate.

Toute l'Allemagne savante se laissa prendre au piége, il n'y eut que Goëthe qui eut
l'air de flairer la supercherie en montrant
que la "Guzla" était l'anagramme de "Ga-
zul"; mais Goëthe n'avait pas été plus fin
que les autres, car un Russe qui passait
par Weimar lui avait remis, de la part de
Mérimée, le poème avec une dédicace signée
de son vrai nom. Goëthe avait un faible pour
Mérimée. Un jour, il reçoit une grande
caisse de Paris, c'était un envoi du sculpteur
David d'Angers : des portraits en bas-relief
moulés en plâtre de cinquante-sept personnages célèbres. Ce fut pour lui un grand
plaisir de contempler ces illustrations de la
France, il désira surtout voir Mérimée, la
tête lui parut aussi énergique, aussi hardie
que son talent, il y trouva quelque chose
d'humoristique. Il admirait surtout la matu-
rité précoce de cet écrivain, sa fine ironie,
l'indépendance de ses jugements, son habileté à choisir les cas imprévus, à mettre en
scène des personnages étranges en leur
conservant le caractère et l'accent qui leur
sont propres. Romantique par le choix de
ses sujets, Mérimée lui semblait pour le
style un classsique irréprochable.

Guidé par ce ferme bon sens qu'il a porté dans la critique littéraire, Gustave Planche proposait l'art de Mérimée aux écrivains de notre temps. Avant d'écrire, observez, n'ayez qu'un but, la poursuite de la vérité, et pour atteindre ce but, souvenez-vous qu'il n'y a qu'une méthode, l'observation. C'est pour avoir été infidèle à ce principe que tant d'auteurs se sont noyés, de nos jours, dans la bouteille à l'encre. C'est pour avoir noirci du papier sans avoir au préalable étudié, observé, médité, sans avoir bien choisi et ordonné les matériaux qu'ils mettaient en œuvre, qu'ils ont grossi la tourbe de ces industriels de la littérature, tour-à-tour improvisateurs, plagiaires, ou compilateurs, qui n'ont réussi, en entassant volumes sur volumes, qu'à lasser la curiosité du public.

En effet, il nous a été donné de voir de notre temps toute une légion d'écrivains s'abandonner à ce genre facile et grossier, qui consiste à promener, à travers six cents pages, le lecteur bénévole d'aventures en aventures, de péripéties en péripéties, et à le faire assister aux exploits détestables, aux faits et gestes extravagants de personnages suant le vice et le crime, bohèmes de la pire espèce et gibiers de cours d'assises, que réclame le bagne ou, tout au moins, les maisons centrales.

L'art de Mérimée sobre, fin, délicat, n'a rien de commun avec ces trafiquants du feuilleton et de la littérature de pacotille, avec ces écrivains d'une fécondité déplorable, corrupteurs du goût public, qui s'attachent surtout à caresser les mauvais instincts de la multitude. Il faut voir, dans ses lettres, le cas qu'il fait de ces messieurs. En parlant de l'auteur de "Rocambole", il dit plaisamment : « Il n'y a plus maintenant qu'un homme de génie, c'est M. Pouson du Terrail ; avez-vous lu ses feuilletons ? Personne ne manie comme lui le poison et l'assassinat. J'en fais mes délices. » L'auteur de "Madame Bovary" est plus maltraité encore : « J'ai reçu ici le dernier livre de Gustave Flaubert ; cela s'appelle "Salamboo". En tout autre lieu que Cannes, partout où il y aurait seulement la "Cuisinière bourgeoise", je n'aurais pas ouvert ce volume. Il y a des pages qui vous plairont à vous qui aimez l'emphase, comme toutes les personnes de votre sexe ; pour moi, qui la hais, cela m'a rendu furieux. » Ernest Feydeau reçoit aussi, en passant, son coup de griffe, et vous reconnaîtrez avec moi, qu'il mérite bien cette égratignure. « J'ai reçu la visite de Feydeau; c'est un fort beau garçon, mais d'une vanité par trop naïve. Il va en Espagne pour y faire le complément de ce que Cervantès et Lesage ont ébauché; il a encore à faire une trentaine de romans dont il mettra la scène en trente pays différents. C'est pourquoi M. Feydeau voyage. » Pauvre Feydeau ! qui parle de faire trente romans à un homme qui s'est contenté de faire quelques nouvelles très courtes où il a trouvé le secret de sa popularité, et qui vient étaler fastueusement ses prodigalités futures devant un écrivain qui a, toute sa vie, comme l'a dit un spirituel critique M. Gustave Merlet, économisé son imagination et compté ses pages, comme d'autres comptent leurs volumes !

Depuis lors, M. Feydeau est mort et n'a pas eu le temps de faire ses trente voyages et d'écrire les trente romans dont il nous menaçait. La saine littérature n'y a rien perdu. L'auteur de "Fanny" est un de ces conteurs graveleux qui ont eu, sous l'Empire, un jour de vogue ; mais ses romans fre-

latés qui nous étalent avec complaisance les
vices raffinés d'un monde interlope, ont déjà
rejoint dans les limbes de l'oubli les pro-
ductions malsaines de Laclos et de Crébillon
fils.

VI

Fils d'un peintre estimé, qui a décoré un
des plafonds du Luxembourg et écrit sur la
peinture à l'huile un ouvrage apprécié des
connaisseurs, Mérimée avait eu de bonne
heure un goût très vif pour les arts et les
antiquités. Le gouvernement de 1830 utilisa
la vocation naturelle du jeune savant et la
rendit bientôt efficace. Prosper Mérimée fut
nommé, le 29 septembre 1837, membre de la
commission des monuments historiques. Les
six autres membres étaient le comte de Mon-
tesquiou, Vitet, Leprévost, le baron Taylor,
Caristie et Félix Duban. Ces hommes avaient
tous la spécialité des arts et se trouvaient
fort compétents pour la mission qui leur
était confiée. Il s'agissait de classer tous les
anciens monuments de la France , de fixer
l'époque de leur fondation ; de déterminer le
caractère de leur architecture et de rappeler

les souvenirs historiques qui s'y rapportent.
Les membres de la commission s'acquittè-
rent de cette tâche avec un zèle qui fait honneur à leur patriotisme. Ils visitèrent les
monuments, les musées, les bibliothèques,
les écoles de dessin et de peinture, et bientôt
fut dressée une liste de 1882 édifices, classés
parmi les monuments historiques dignes
d'être conservés. Mérimée prit une part très
active dans cette campagne artistique, qui
devait ramener en France le culte des souvenirs se rattachant à l'histoire des arts et aux
annales du pays ; et, si ces précieux débris,
devant lesquels nous passions autrefois avec
indifférence, font aujourd'hui partie du pa-
trimoine national et du trésor intellectuel de
la France, c'est aux membres de la commission nommée par M. de Montalivet, en 1837,
que nous le devons. M. Vitet, surtout, s'ac-
quitta de ses fonctions avec un zèle scrupu-
leux; il apporta dans ses recherches une
attention, une sagacité, une vivacité de sentiments qui révélaient un artiste, et les
rapports qu'il adressait au ministre de l'inté-
rieur sont des modèles en ce genre. En les
lisant, dit M. Guizot, on est frappé du vif et
tendre sentiment pour les arts qui s'y révèle

à chaque pas. M. Vitet avait lui-même la
conscience du caractère original et parti-
culier de sa sympathie pour l'art, quand il
disait de Mérimée, son collègue dans la commission, Mérimée admire les beaux monuments, mais il n'a jamais senti ses yeux se
mouiller à l'aspect de leurs ruines.

Le beau, le vrai, le naturel dans les arts
captivaient l'attention de Mérimée et obte-
naient même son admiration ; mais peut-être
ne portait-il pas toujours dans la contempla-
tion du beau ce sentiment vif et tendre que
la vue d'un bas relief du moyen-âge ou d'une
statue grecque inspirait à M. Vitet. Mérimée était grand amateur et vrai connaisseur
en fait d'architecture et de sculpture helléni-
que, mais en présence des bas-reliefs décou-
verts à Eleusis par M. Lenormant, qui paya
de sa vie sa précieuse découverte, il contient
son émotion, tandis que M. Vitet ne peut re-
tenir la sienne. À la vue du chef-d'œuvre
antique, il éprouve ce frémissement secret qui
fait tressaillir l'artiste épris du beau idéal,
il admire et il pleure. Ce n'est pas tout, il
ajoute à l'admiration la reconnaissance pour
celui qui lui a permis d'admirer, et il se
donne le noble plaisir d'acquitter la dette

publique envers M. Lenormant en consacrant
une notice touchante à l'infatigable voyageur qui, mortellement atteint par les fiè-
vres des marais de la Béotie, à la suite des
fouilles qu'il avait dirigées, n'en avait pas
moins fait mouler avec le plus grand soin sa
merveilleuse trouvaille, qu'on peut aujour-
d'hui contempler à l'Ecole des Beaux-Arts, à
Paris.

Ajoutons, toutefois, pour être juste, que
Prosper Mérimée a également payé sa dette,
dans quelques pages bien senties, à ce noble
pèlerin et martyr de l'art, qui avait été son
compagnon de route en Grèce et qui, malgré d'assez graves dissidences de croyance
et d'opinion, resta toujours son ami.

VII

Voyageur, archéologue, romancier, Mérimée s'est encore essayé dans l'histoire et
dans la critique. Mais dans l'histoire il n'a
pas tenu toutes ses promesses. Sa vie de
César est restée inachevée, et les notes qu'il
avait recueillies ont servi à Napoléon III
quand la fantaisie le prit d'écrire l'histoire
du célèbre triumvir. Son "Catilina", malgré

quelques aperçus nouveaux, ne fera pas ou-
blier celui de Salluste ; les "Faux Démétrius"
sont un récit intéressant mais froid sur le-
quel a passé le vent glacial des steppes de la
Russie ; les tragédies sanglantes d'une cour
barbare y sont racontées avec une insensibi-
lité et une sécheresse de cœur qui rappel-
lent trop Suétone. Mérimée traite l'histoire
comme un procès-verbal. Il raconte, il ne
s'émeut pas, il n'éprouve point, en face du
crime, cette indignation vertueuse qui est
le grand charme de Tacite. Mérimée n'a pris
dans l'histoire qu'une place étroite ; il n'a-
vait pas ce souffle puissant qui anime les
grandes compositions des Thiers, des Guizot,
des Mignet et des Michelet. Il a surtout le
goût de l'anecdote, de l'épisode, du portrait,
des scènes dramatiques qui se détachent fa-
cilement de l'ensemble des faits. Ses compositions historiques sont de simples frag-
ments, des études bien faites, mais qui n'ont
pas le relief de ses nouvelles.

Comme crititique littéraire, Mérimée a
laissé quelques pages exquises. Son éloge de
Charles Nodier, sa biographie d'Henri Beyle,
qui parut d'abord sans nom d'auteur, ses no-
tices sur Victor Jacquemont, Théodore Le-

clerq, Lenormant ; ses articles sur Cervantès et la littérature espagnole, qui out paru dans la REVUE DES DEUX MONDES, sont des morceaux qui révèlent un don merveilleux d'analyse, une sagacité pénétrante, une frauchise rare, une indépendance de goût cosmopolite qui, dans l'examen d'un ouvrage. ne s'étonne ni de la nouveauté, ni de l'étrangeté de la forme. Ses études sur Grote, l'historien de la Grèce ancienne le plus savant, le plus détaillé que nous ayons, donnent la mesure de son érudition historique. Mérimée éprouve avant tout le besoin de l'évidence ; s'il est parfois pessimiste, s'il voit tout en laid, s'il rapetisse les grands hommes, s'il renverse de leur piédestal les vieilles idoles, c'est que le tour de son esprit sceptique et frondeur le porte surtout à considérer hommes et choses par leur envers et leur mauvais côté.

N'oublions pas que Mérimée avait le don des langues et qu'il y avait en lui assez d'étoffe pour faire un philologue de premier ordre. Il parlait l'anglais de manière à faire illusion à un habitant du Royaume-Uni, et cet homme, qui ne pouvait souffrir la poésie française, s'est amusé à versifier dans la lan-

gue de Milton. L'espagnol, l'italien, l'alle-
mand lui étaient familiers. Il apprenait à
vingt-cinq ans le grec qu'il avait négligé sur
les bancs du collége, et son ami Henri Beyle,
l'ayant trouvé un jour occupé à étudier cette
langue, lui disait vivement : « Vous êtes sur
le champ de bataille, ce n'est plus le moment
de polir votre fusil, il faut tirer. » Beyle se
trompait. Mérimée ne polissait pas son fusil,
il le chargeait avec soin pour ne pas faire
long feu. Dans ces derniers temps, il s'était
pris d'une belle passion pour la langue et la
littérature russes ; il a donné une traduction,
qu'on assure être fort exacte, des plus beaux
morceaux de Poushkine et de Nicolas Gogol,
et la dernière lettre qu'il a reçue deux heures avant sa mort lui était adressée par Ivan
Tourgueneff, célèbre romancier russe, sur
les œuvres duquel il avait appelé l'attention,
et avec qui il entretenait une correspondance
suivie.

VIII.

Nous avons longuement parlé de l'écrivain,
il nous reste maintenant à vous parler de
l'homme. Cette tâche nous sera plus facile,

car l'indiscrétion d'une femme nous l'a livré
tout entier. L'homme chez Mérimée nous
semble inférieur à l'écrivain ; pour le prendre sur le vif, nous n'avons qu'à ouvrir ses
"Lettres à l'Inconnue," à parcourir cette correspondance autour de laquelle s'est fait tant
de bruit, et qui lui a valu l'éreintement des
critiques de tous les partis.

Sans doute, il serait injuste de juger Mérimée sur une correspondance qui devait
rester secrète, mais on est bien obligé
d'avouer qu'on y voit percer ses plus mauvais
sentiments ; il y a là des pages où l'ironie
se montre acerbe, implacable ; vers la fin
surtout de la correspondance, quand est
venu l'hiver des ans et que la mort, faisant
le vide autour de Mérimée, lui ravit chaque
jour ses amis les plus chers, il épanche sa
bile et sa mauvaise humeur en aigres boutades et en récriminations contre les hommes et les choses, et sa plume distille partout
l'amertume et le fiel.

Vauvenargues, cette âme sensible et déli-
cate, ce jeune et aimable officier en qui Voltaire avait deviné un observateur pénétrant,
a dit quelque part : « Celui qui méprise les
hommes n'est point un grand homme. » Si

le mot du moraliste provençal est vrai, c'est
la condamnation du livre de Mérimée. Il est
difficile en effet de trouver dans ces lettres
une page où l'on sente battre le cœur de
l'homme pour les grandes questions où sont
engagés le droit, la liberté, l'humanité. La
libre discussion de nos intérêts, le compte-
rendu de nos débats parlementaires, le lais-
sent presque indifférent. C'est à peine si en
deux endroits on sent vibrer la fibre humaine, quand il se prend à déplorer l'abaissement
du niveau de l'honnêteté et la décadence du
patriotisme. Partout ailleurs que trouve-
t-on en exprimant le suc de ces lettres ? la
frivolité du mondain, la froideur du sceptique, le goût de la vie commode, le culte de
la femme et le mépris des hommes.

Voyez-le ce personnage si haut juché sur
sa cravate, ce bel esprit en possession des
honneurs littéraires et des faveurs politiques,
cet homme à qui tout a réussi, qui de
bonne heure a eu la vie facile et ses en-
trées dans les ministères et les chancelle-
ries, qui a pu choisir parmi les emplois
élevés celui qui convenait le mieux à ses
goûts et à ses habitudes, cet homme qui a
tant d'esprit, il n'en a pas assez pour ne

pas pardonner aux autres de ne point en
avoir.

Pour lui, tout le monde est bête , au nord
et au midi, à l'est et à l'ouest , en Breta-
gne comme en Bourgogne , en Provence
comme en Picardie , il retrouve partout,
dit-il, l'incorrigible bêtise humaine ; Paris
lui-même n'en est pas exempt. Et n'allez pas
croire que les paysans ou les domestiques
soient des hommes à ses yeux. Ces malheureux n'existent pas pour lui , ou, s'ils existent, il n'est pas loin de les prendre pour
des bêtes de somme.

Ce libéral à tous crins de 1830, n'attend
pas d'être le familier des Tuileries pour prendre des airs d'aristocratique dédain vis-à-vis
des déshérités de la naissance et de la fortune :

Je ne donne pas, écrit-il dédaigneusement
à son anglaise , le nom d'hommes à certains
bipèdes qui sont dressés à apporter à manger
et à boire quand on leur en donne l'ordre.
Quel langage et que dites-vous de ce mot
"dressés" qui rappelle la langue du "Jockey-
club" fréquenté par Mérimée ! Une pareille
façon de dire serait à peine tolérable dans la
bouche d'un Lauzun ou d'un Fronsac ! Ah !

Labruyère traitait mieux, de son temps , les
plus humbles conditions , et, quand il nous
traçait, d'un burin si dur, le portrait du paysan sous Louis XIV, il l'achevait par un mot
de sympathie douloureuse pour ces malheureux qui manquaient souvent du pain qu'ils
avaient semé.

Ce mot amer de Labruyère n'était-il pas
déjà une sorte de protestation sourde contre une destinée imméritée , protestation
d'une âme loyale, froissée par les misères
de la classe pauvre et qui, ne trouvant pas
toujours chez les grands du cœur et des entrailles, se rangeait résolument du côté du
peuple ?

IX

Mérimée parle-t-il de ses collègues de
l'Académie des inscriptions, ce sont pour lui
des blaireaux ou des ours. Ceux de l'Académie française des ours mieux léchés. Mais la
plupart sont traités par dessous la jambe, il
a pourtant jadis sollicité leur suffrage quand
il a tenu à être de l'Académie ; mais ce sont
les pauvres candidats à l'Académie française
qui sont surtout arrangés de la belle façon.

Celui-ci a écrit l'histoire romaine en style
de feuilleton, celui-là vient de faire son évo-
lution cléricale, Mérimée affecte en parlant
de Joseph Autran de l'appeller le Marseillais
Autran, ce ton de fatuité parisienne qu'il
prend vis-à-vis de notre poète surprend
d'autant plus que Mérimée était de tous les
grands dîners que Autran donnait à Paris.
Pourquoi dans ses lettres ne lui garde-t-il
pas la reconnaissance de l'estomac? Mérimée
fait si peu de cas de l'Académie française
qu'il promet de ne plus y aller que pour tou-
cher ses jetons de présence, 83 fr. 33 centi-
mes chaque mois. Tous ses confrères sont
des fossiles, il a contemplé leur figure, ils
ont tous le facies jaune et ridé, on dirait
des gens qui n'ont plus rien à démêler
avec le monde des vivants et qui attendent
le fossoyeur. Qui va-t-on prendre pour rem-
placer cette élite dont les jours sont comp-
tés? Ceci était écrit en 1864, il y a onze ans
de cela. Il y a eu en effet depuis, une ef-
frayante mortalité des 40, cela a ressemblé à
une débacle. Lamartine, Berryer, Cousin, de
Broglie, Villemain, Sainte-Beuve, Prevost-
Paradol, Saint-Marc Girardin, Ponsard, Ampère, J. Janin, Lebrun, Guizot, tous ces

immortels ont passé de vie à trépas.
C'étaient les généraux de notre avant-garde
littéraire, on ne trouvera pour les rempla-
cer peut-être que de minces lieutenants.

Voici maintenant la façon dont il accom-
mode nos Marseillaises de 1845. Le portrait
a cessé d'être ressemblant aujourd'hui. Mérimée rend justice, comme Michelet dans son
"Histoire de France", aux belles filles qui sont
le sourire et l'ornement de la Provence. Mais,
si la Marseillaise a un beau sang, la carna-
tion opulente et l'ampleur des formes, il lui
manque l'art, le goût, l'exquise habileté que
possède surtout la parisienne de faire valoir
les moindres avantages de la nature. Voici
ce portrait qui nous paraît exagéré en bien
et en mal et qui, s'il pêche par l'exactitude,
ne manque pas de mordant:

« Il est impossible de voir rien de plus sale
et de plus joli que Marseille. Sale et joli con-
vient parfaitement aux Marseillaises. Elles
ont toutes de la physionomie, de beaux
yeux noirs, de belles dents, un très petit pied
et des chevilles imperceptibles. Ces petits
pieds sont chaussés de bas canelle, couleur
de la boue de Marseille, gros et raccommodés
avec vingt cotons de nuances différentes.

Leurs robes sont mal faites, toujours fripées et couvertes de taches. Leurs beaux cheveux noirs doivent la plus grande partie de leur lustre au suif de chandelle. Ajoutez à cela une atmosphère d'ail mêlé de vapeur d'huile rance, et vous pouvez vous représenter la beauté marseillaise. Quel dommage que rien ne soit complet dans le monde ! Eh bien, elles sont ravissantes malgré tout, voilà un vrai triomphe. »

Mérimée écrivait cette charge il y a près de trente ans. Notre sexe a bien changé depuis. Les beaux yeux noirs, les belles dents, les petits pieds nous restent, mais on ne voit plus les bas de couleur, les robes sont bien faites, on ne porte plus de friperies malpropres et les cheveux de nos dames doivent leur lustre à des pommades irréprochables. Quant à l'ail mêlé de vapeur d'huile rance, c'est sans doute sur nos vieux quais ou dans les antres de la vieille ville que Mérimée a respiré ces miasmes, un jour qu'il était en quête d'un roman bien noir, ou peut-être a-t-il pris pour des Marseillaises ces Génoises au teint basané, au fichu malpropre, qui stationnent sur nos places et font avec tant d'aisance l'office pénible de crocheteurs.

X.

Quand parurent les lettres de Mérimée, il
y eut dans le camp des gens de lettres un
soulèvement général. Ceux qui s'attendaient
à y trouver leur nom étaient furieux de leur
déconvenue, ceux qui l'y trouvèrent souli-
gné par un fastueux dédain poussèrent les
hauts cris. Il n'y eut de satisfaits qu'un bien
petit nombre d'élus que l'impitoyable Alceste avait épargnés. Mais ce fut surtout
dans le monde religieux et légitimiste que
l'émoi fut grand et le scandale réel. Le COR-
RESPONDANT fit feu de toutes ses batteries.
Prosper Mérimée fut exécuté en prose et en
vers. M. Armand de Pontmartin, un des plus
aimables railleurs de notre temps, un maître
en fait d'épigrammes et de spirituelles ma-
lices, cribla de ses flèches légères le colosse
sceptique. Presque en même temps parais-
saient, dans le même recueil, des strophes
sans nom d'auteur qui ont un air de famille
avec les vers de Joseph Autran, et dont, ne
serait-ce que pour rompre la monotonie de
mon humble prose, je vous demande la per-
mission de citer les passages les plus piquants.

C'est à l'inconnue que s'adresse le poète anonyme :

A ce malheureux Mérimée
Vous jouez un fort méchant tour,
En nous donnant tout imprimée
Sa correspondance d'amour.
Le voilà donc ce grand sceptique
Qui couvrait tout de ses mépris,
Il représente à la critique
Le renard qu'une poule a pris.
Lui qui craignait tant d'être dupe,
Il a le cœur presque enfantin,
Il soupire après une jupe
Avec des gestes de pantin.
Vieil écolier dont vos mérites
Ont tout à fait charmé le goût,
Il effeuille les marguerites
En disant : « un peu, pas du tout. »
Il mêle à ses airs de guitare
Mille détails, au jour le jour,
Sur l'Empereur, sur son catarrhe,
Sur les toilettes de la cour.
Il aime son maître, il adore
Le huis clos des joyeux festins,
Et pour la femme d'Isidore
Il fait des contes libertins.
Soumis à l'auguste caprice,
Il faut bien, de l'ennui profond,
Distraire cette Impératrice
Dont il se nomme le bouffon.
Ses goûts d'ailleurs sont difficiles,
Il n'a pas les instincts flatteurs,
Témoin ce surnom d'imbéciles
Qu'il donne à deux cents sénateurs.

Voyez, il lance à leur adresse
Toutes les flèches de son arc,
N'ayant d'éloge et de tendresse
Que pour le comte de Bismark.
C'est le censeur à toute épreuve,
Il juge tout avec aigreur,
Sauf la vertu de Sainte-Beuve
Et le bon sens de l'Empereur.
Esprit blasé, lecteur morose,
Qu'on ne lui parle pas de vers,
Du haut de sa sublime prose,
Il les regarde de travers.
Quiconque cherche l'harmonie
Lui semble pris de vertigo.
Que dites-vous de l'ironie
Pour Lamartine et pour Hugo ?
Il est surtout prompt à l'injure
Aux coups de griffe de chacal
Quand il s'agit par aventure
De quelque pauvre clérical.
C'est toujours Don Juan, c'est l'athée,
L'ennemi du Dieu tout puissant.
La mort cependant s'est hâtée,
Il ne blasphème qu'en toussant,
Il raille dans un style fade,
Qui sent, fort mal accommodé,
Le courtisan et le malade,
La tisane et l'habit brodé.

Mérimée ne pouvait sentir la poésie, il n'aimait pas les poètes. Vous voyez que les poètes le lui rendaient bien. A tort ou à raison, il croyait que la mesure et la rime gênent l'expression de la passion et de la vé-

rité ; il n'éprouvait pour les effusions lyri-
ques de Lamartine qu'une médiocre sympathie ; les dernières compositions poétiques
de Victor Hugo ne lui inspiraient plus que
de la pitié ; l'enfant sublime de Chateau-
briand n'avait jamais cessé d'être dans l'en-
fance, et maintenant il ne lui restait plus un
seul grain de bon sens.

On sait que la politique avait creusé un
abîme entre ces deux hommes , mais le dé-
goût de Mérimée pour les dernières produc-
tions de Victor Hugo s'explique par d'autres motifs. Mérimée avait en horreur la
phrase, la déclamation, l'enluminure. Il esti-
mait par dessus tout la justesse et le naturel, il voulait que les sentiments fussent ren-
dus dans le langage le plus simple , la moin-
dre apparence d'affectation le faisait sourire,
et, quand un trait manquait de justesse et
dépassait le but, il s'en moquait volontiers ;
l'engouement de la foule, le bruit qui s'est
fait autour d'un nom justement populaire ne
pouvaient défendre contre son ironie l'écrivain excessif qui cherchait le succès par des
moyens violents. Mérimée avait trop de
goût pour accepter le Victor Hugo de la seconde manière. Le faste des mots, le luxe des

images, l'abondance des développements ne
pouvaient l'éblouir; il n'obéissait, dans ses
jugements, qu'à la froide raison.

XI.

Mérimée, dans ses lettres, se montre sys-
tématiquement insensible, il se moque des
misères les plus pitoyables, des conditions
les plus humbles; nous avons déjà vu qu'un
domestique n'est pas un homme pour lui. Je
ne compte point, dit-il, les provinciaux pour
quoi que ce soit. Dans le Comtat, les gens
sont bêtes à outrance, il a encore deux mois
avant de revoir des êtres humains. Pour
lui comme pour Beyle, la bêtise est presque
un crime. Voulez-vous voir comment il
traite ceux qui s'occupent de nos affaires :
J'ai passé, écrit-il, vingt-quatre heures chez
un député; quel métier! esclavage pour esclavage, j'aime mieux la cour d'un despote,
au moins la plupart des despotes se lavent
les mains. S'il éprouve un bon sentiment, il
le corrige bien vite par une malice. Vous
apprendrez notre victoire, écrit-il, sur ces
pauvres Chinois. Quelle drôle de chose d'aller
tuer si loin des gens qui ne vous ont rien fait?

Il est vrai que le Chinois étant une variété
de l'orang-outang, il n'y a que la loi "Gram-
mont" qui puisse être invoquée en leur fa-
veur. Je me prépare à nos conquêtes de
Chine en lisant un roman que vient de tra-
duire Stanislas Julien, le Chinois patenté du
gouvernement, c'est ainsi qu'il désigne le
professeur de langue chinoise au collége de
France. Toujours de l'esprit, et encore de
l'esprit, mais où donc est le cœur? Est-ce
dans cette phrase où, en parlant des femmes
du Tyrol, il les compare à des bêtes de
somme, et trouve qu'elles ne sont bonnes qu'à
faire ce métier. Dans le Tyrol, dit-il, les
femmes m'ont paru traitées selon leur mérite, on les attache à des chariots et elles
traînent des fardeaux fort lourds avec succès. Mérimée va jusqu'à rire de ses fonctions
d'inspecteur général des monuments historiques et des bêtises qu'il écrit à son ministre
qui ne les lira pas. Est-il possible de se prendre soi-même pour cible, et peut-on aller
plus loin dans l'ironie?

Et maintenant, messieurs, voyez-vous d'ici
la grimace que ferait Prosper Mérimée, s'il
revenait en ce monde, en voyant sa correspondance secrète s'étaler, pompeuse, en deux

grands volumes in-8° aux vitrines de nos
libraires. Lui si épinglé, si contenu, si mé-
fiant, qui toute sa vie fut sur la réserve et
craignit d'être dupe, se voir ainsi trahi, dé-
noncé, diffamé par une femme à qui il avait
donné sa confiance, et qui après sa mort ex-
ploitait son nom, spéculait sur sa gloire, et,
faisant d'une affaire de cœur une affaire d'argent, calculait au juste le nombre de billets
de Banque que pourrait lui rapporter ce vo-
lumineux paquet de lettres si, au lieu de le
laisser dormir au fond d'un tiroir, elle en
dispersait les feuillets aux quatre vents.
Quel dommage pourtant que la belle inconnue n'ait pas cru devoir nous mettre de moitié dans la confidence de ses réponses ! que
sont-elles devenues ? Ont-elle péri consu-
mées dans l'incendie allumé par les désespé-
rés de la Commune ? On sait que l'apparte-
ment de Mérimée a été la proie des flammes
en 1871, et que ses papiers, ses objets d'art,
ses livres ont été littéralement consumés par
le pétrole. Si jamais ces lettres se retrou-
vent, les collatéraux de Mérimée ne manque-
ront pas d'user de représailles en démasquant
à leur tour cette patricienne perfide, ce bas-
bleu qui a une belle main, un petit pied, les

plus beaux yeux de Paris, un bon estomac, mais un mauvais cœur.

XII

Nous avons terminé notre étude sur Prosper Mérimée. Admirateur sincère de l'écrivain, nous avons été sévère pour l'homme. Mais c'est la faute de ce long "à-parté" où Mérimée attaque tout, flagelle tout sans pitié. Sénèque a dit quelque part que la maladie nous rend meilleurs ; on dirait que Mérimée a pris à tâche de donner un démenti à Sénèque. Cet Alceste valétudinaire s'en prend à tout le monde de ses pleurésies et de ses rhumatismes. Il n'épargne personne ; pas un homme vivant qui soit à l'abri de ses coups. Victor Hugo est un fou, Lamartine écrit des énormités, Villemain est d'une platitude déplorable, Cousin est un babillard prétentieux et ridicule, Cuvillier-Fleury n'existe pas, Musset n'est qu'un païen un peu plus licencieux que Catulle, Renan est un poltron qui a reculé devant les conséquences de sa thèse. Les parents sont ennuyeux, les savants de province sont des naïfs, ceux de Paris des blaireaux; les librai-

res des escrocs, les académiciens des fossiles,
les sénateurs des imbéciles, les ministres de
bien pauvres politiques. Il n'y a que M. Thiers
et M. de Bismark qui aient de l'esprit. A part
ces exceptions, tout le monde est bête, et
le niveau de l'intelligence baisse tous les
jours comme celui de l'honnêteté. Nos jeunes
gens tremblent de peur d'être dans le cas de
se battre. Et que restera-t-il à la France,
quand elle n'aura même plus le courage militaire ? On le voit, Mérimée se dédommage
dans ses lettres de la réserve que s'imposait
l'homme officiel. Son mépris lui tient lieu de
tout, et l'on se demande si ce parti-pris de
tout dénigrer n'accuse pas une vue un peu
superficielle des hommes et des choses, et si
on ne commet pas un acte de légèreté cou-
pable en se faisant ainsi le détracteur systé-
matique de son pays et de son temps.

Sans doute, nous avons beaucoup à nous
reprocher, et, dans ces dernières années,
nous avons expié cruellement les torts de
notre présomption et de nos vanteries ridi-
cules. L'orgueil, la soif des richesses, l'esprit mercantile, le sybaritisme nous avaient
profondément entamés quand la Prusse est
venue sonder nos brèches ; mais un fils ne

doit pas dévoiler les fautes de sa mère. N'est-ce point assez que les attaques nous viennent de l'étranger , et n'est-il pas triste de voir un Français d'élite s'associer à ce concert de blâme et de diffamations ? "Nous sommes perdus", s'écriait Mérimée, en entendant sonner le glas du second empire, et voyant les hordes germaniques marcher sur Paris pour l'étreindre dans un cercle de fer et de feu. Espérons que non; rien n'est désespéré, il nous reste encore assez de sève pour une prochaine régénération ; et si nous gagnons en concorde, en moralité, en instruction, ce que nous avons perdu en territoire, nos défaites se retourneront contre nos vainqueurs et nous rendront cette force qui assure la victoire.

Et maintenant je prévois votre objection et j'éprouve un scrupule en finissant. Est-il juste, est-il raisonnable de juger un homme sur une correspondance qui ne devait point voir le jour et qui nous a gâté le Mérimée que nous connaissions et l'a fait descendre de ce piédestal où nous aimions à le contempler? Le génie est un peu comme le fronton des temples, il a besoin de l'éloignement pour ne rien perdre de sa majesté. Les cor-

respondances, les mémoires ont toujours
amoindri et rapetissé nos grands hommes,
et Châteaubriand, pas plus que Jean-Jacques,
n'a rien gagné à faire imprimer les siens.
Aujourd'hui le public est blasé, il aime le
scandale, il se plaît aux cancans de cou-
lisse, aux commérages de salon. Un jour-
nal célèbre a gagné des millions à satisfaire
nos goûts pour cette nourriture épicée, et
les libraires sont à l'affût de tout ce qui
peut aiguiser notre appétit. Pour peu que
cela dure, il n'y aura bientôt plus de grands
hommes, car nous les connaissons aujour-
d'hui aussi bien que leur valet de chambre.
Mettez que la belle inconnue, au lieu d'abandonner à un libraire les lettres de Mérimée, qui ont dû lui rapporter un gros sac,
les eût jetées au feu pour ne point s'exposer
à trahir l'homme qui avait, durant trente
ans, correspondu secrètement avec elle,
nous ne connaîtrions de Mérimée que le ga-
lant homme, le causeur spirituel, l'homme
du monde accompli, un peu raide et fier,
mais toujours fin et distingué ; nous ne le
verrions que par les beaux côtés qui font
honneur à la nature humaine.

Nous nous rappellerons qu'il fut un cœur

vaillant et un esprit d'élite. Ce sceptique
eut des amis et ces amis étaient les premiers
hommes de notre temps. Ce misanthrope fit
du bien et rendit des services sans le dire
jamais. On se rappelle le procès Libri. Ce
jour-là , Mérimée poussa le dévouement à
l'amitié jusqu'à l'héroïsme , et pour sauver
un ami qu'il croyait innocent, il ne craignit
pas de compromettre sa grande situation et
de braver la prison et l'amende.

Rappellerai-je que Mérimée fut le modèle
des fils et que la mort seule put le séparer
de sa mère, qui était une femme supérieure
à laquelle il reconnaissait devoir beaucoup.
Enfin Mérimée était sénateur, vous l'aviez
oublié peut-être, il ne se prévalait guère de
ce titre, étant de ces hommes qui font honneur aux dignités les plus hautes ; il n'al-
lait guère aux séances du Sénat, mais le
jour où, l'Empire s'écroulant de toutes parts,
il y eut péril à siéger au fauteuil du Luxembourg devenu le poste de l'honneur et du
devoir, ce jour-là Mérimée, souffrant, mar-
chant et respirant à peine, arrivé à la dernière période d'une laryngite aiguë qui devait l'emporter vingt jours après, se faisait
porter au Sénat pour y attendre les événe-

ments. De pareils traits montrent assez que
Mérimée était un caractère, et que sous
l'écrivain il y avait un homme. Constant
dans ses affections, fidèle à ses amitiés, il ne
connut jamais les ingratitudes du cœur, et
cet habitué des Tuileries ne devint courtisan qu'au jour du malheur, quand il alla
trouver M. Thiers pour plaider in extremis
une cause perdue.

Comme écrivain Mérimée est une des
premières plumes de ce temps. Ciseleur
incomparable, il a taillé des camées et
poli des diamants. Quand on l'a lu, on
peut se dispenser de voyager en Espagne
et en Corse, on sait par cœur ces deux pays.
Peintre exact des mœurs locales et inter-
prète fidèle des passions humaines, il lui a
manqué, pour être un écrivain accompli,
cette tendresse de génie qui est le charme
de Fénelon et de Bernardin de Saint-Pierre.
Il lui a manqué ce souffle qui anime les
vastes récits, cette chaleur qui est la vie des
grandes compositions. Si à la place du froid
dédain il eût mis l'émotion pénétrante, s'il
eût ouvert davantage son cœur, s'il eût été
moins sec, moins dur, moins ironique, il
eût gagné toutes les sympathies ; mais cha-

cun ici bas suit la loi de sa nature et obéit à son tempérament; et pourquoi vouloir demander à cet anglais de Paris, cousin de lord Byron et petit fils de Voltaire, de se souvenir de cette touchante parole du plus beau génie qui ait honoré la France.

Quand Dieu forma le cœur et les entrailles de l'homme, ce qu'il y mit d'abord c'est la bonté.

www.ingramcontent.com/pod-product-compliance
Lightning Source LLC
LaVergne TN
LVHW022026080426

835513LV00009B/892